VENTE DU SAMEDI 20 JUIN 1914

HOTEL DROUOT, SALLE N° 1

à 2 heures

OBJETS D'ART & D'AMEUBLEMENT

Tableaux et Dessins

Céramique, Bois sculptés, Objets de Vitrine, Objets variés

BRONZES ET MARBRES, PENDULES

MEUBLES ET SIÈGES, PIANOS

Étoffes et Tentures

EXPOSITION PUBLIQUE

LE VENDREDI 19 JUIN 1914

De 2 heures à 6 heures

COMMISSAIRE-PRISEUR
Me ÉMILE BOUDIN
14, rue Grange-Batelière

EXPERT
M. GEORGES GUILLAUME
13, rue d'Aumale

CONDITIONS DE LA VENTE

Elle sera faite au comptant.

Les adjudicataires paieront *dix pour cent* en sus des enchères.

Paris. — Imp. de l'Art, Ch. Berger, 41, rue de la Victoire.

DÉSIGNATION

TABLEAUX ET DESSINS

1 — Baudit. Paysage avec pont et cours d'eau. Toile. Signée et datée à droite.

2 — Bellangé (Attribué à H.) Bataille. Tableau à musique, avec cadran et mouvement d'horlogerie.

3 — Berghem (Attribué à). Paysage et animaux. Panneau.

4 — Berghem (Genre de). Paysages animés de figures et de bestiaux. Deux petits panneaux se faisant pendants.

5 — Betselère (E.). Chasse au marais. Panneau. Signé à droite, en bas.

6 — Boucher (École de). Les Amants surpris. Toile-dessus de porte.

7 — Chardin (1905). Chasseurs et meute traversant un village. Aquarelle.

8 — Cicéri. Vue de la Forêt de Fontainebleau. Signé et daté à gauche.

9 — Claude. Fleurs. Toile.

10 — Collins. Vaches à la rivière. Toile.

11 — Constantin. Nature morte. Toile.

12 — Coypel (École de). Le Jugement de Pâris. Toile.

13 — Crome (J.-B.). Vue d'un canal en Hollande. Toile.

14 — Fleury. Portrait de jeune fille portant des fleurs. Toile.

15 — Fleury (Tony-Robert). Paysage italien. Aquarelle. Signée à gauche en bas et datée : *1878*.

16 — Gluck. Le Déjeuner champêtre. Toile.

17 — Gudin. Marine. Toile. Signée à droite en bas.

18 — Herpin. Chasseur. Faïence.

19 — HERPIN. Barques sur la rivière. Esquisse sur toile.

20 — HERPIN. Vaches à l'abreuvoir. Porcelaine.

21 — JADIN (G.). Cerf aux abois. Toile. Signée à droite en bas.

22 — JEAURAT (E.). Repas d'officiers. Toile, dans un cadre en bois sculpté.

23 — LABILLE-GUYARD. Portrait de femme en bonnet. Toile.

24 — LACROIX DE MARSEILLE. Port de pêcheurs. Toile.

25 — LAIR. Natures mortes. Deux panneaux se faisant pendants.

26 — LEMONNIER (H.) Pot de géraniums. Toile.

27 — LENNEN. Vue d'un lac en Ecosse. Toile.

28 — MANSSON. Salle des gardes, dans un palais. Aquarelle. Signée en bas.

29 — MILANI. Marine. Toile.

30 — MIRALLÈS. Portrait de femme. Toile.

*

31 — Monticelli (Attribué à). Femmes à la fontaine. Toile.

32 — Morland (D'après). Chasse à courre. Toile.

33 — Nattier (Ecole de). Abbesse. Toile, dans un cadre en bois sculpté.

34 — Pascal. Bretonnes sur le seuil d'une église. Toile.

35 — Peterfor. Paysage au pays de Galles. Toile.

36 — Pichat. Portrait équestre du roi d'Italie. Grande toile.

37 — Pourbus (École de). Portrait de femme à collerette. Toile, dans un cadre en bois sculpté.

38 — Ribot (Th.). Jeune boucher découpant de la viande. Toile.

39 — Rochenoire (De la). Le Marché aux chevaux. Panneau.

40 à 43 — Rouby (A.). Fleurs. Huit toiles.

44 — Roullet (Gaston). Vue de Québec. Panneau.

45 — Roussin. Femme étendue. Toile. Signée à droite en bas et datée : *1901*.

46 — Roussin. Femme assise. Pastel. Signé à droite en bas et daté : *1901*.

47 — Rubens (École de). Têtes de guerriers. Toile.

48 — Sain (Édouard). Jeune fille de Capri. Panneau. Daté : *1883*.

49 — Saint-Martin. Arbres dans la campagne. Panneau. Signé en bas à droite.

50 — Salvator Rosa. Guerrier endormi.

51 — Salvator Rosa (Attribué à). Marine. Grande toile.

52 — Scheffer. (Attribué à Ary.). La Veuve du soldat. Toile.

53 — Sinibaldi. Les Jardins du Luxembourg. Panneau en grisaille.

54 — Soulès (Eugène). Calvaire à l'entrée d'une ville. Aquarelle. Signée à droite en bas.

55 — Swebach-Desfontaines (École de). Cavaliers dans un paysage. Panneau.

56 — Thiénon. Paysage en Dauphiné. Toile.

57 — Troy (Attribué à de). Scène de l'Histoire grecque. Toile.

58 — Vernet (École de). Tempête. Toile.

59 — Wickham (Georgina). Rochers. Petite aquarelle.

60 — École anglaise. Vaches au pâturage. Panneau.

61 — École anglaise. Portrait d'homme. Toile.

62 — École anglaise. Paysages montagneux. Trois panneaux.

63 — École anglaise. Paysage boisé. Toile.

64 — École anglaise. Marine. Toile.

65 — École anglaise. Paysage avec constructions et figures. Toile.

66 — École anglaise. Marins repêchant des épaves. Grande toile.

67 — École anglaise. Moulin à eau et paysans au clair de lune. Grande toile.

68 — École française (xviiie siècle). Diane. Toile, dans un cadre en bois sculpté).

69 — École française (xviiie siècle). Portrait de femme. Toile.

70 — École française (xviiie siècle). L'enlèvement de Psyché. Toile, dans un cadre en bois sculpté et doré.

71 — École française (xviiie siècle). Portrait d'homme en costume Louis XVI. Aquarelle.

72 — École française (xviiie siècle). Portrait de femme. Toile.

73 — École française (xviiie siècle). Portrait d'homme et de son fils. Pastel.

74 — École française. La Femme au manchon. Toile dans un cadre en bois sculpté.

75 — École française. Portrait de femme en toilette bleue. Pastel.

76 — École française. Scène dans un parc. Aquarelle.

77 — École française. Portrait. Pastel.

78 — ÉCOLE DE 1830. Le Bûcheron. Petit panneau.

79 — ÉCOLE de 1830. Paysage; le Pont. Deux toiles se faisant pendants.

80 — ÉCOLE DE 1830. Sous bois. Petit panneau.

81 — ÉCOLE DE 1830. La Marchande. Toile.

82 — ÉCOLE FLAMANDE. Portrait de jeune fille. Toile, dans un cadre en bois sculpté.

83 — ÉCOLE FLAMANDE. Scène villageoise dans un cabaret. Petite toile.

84 — ÉCOLE FLAMANDE. Chèvre et chardon; Portrait de jeune garçon. Deux toiles.

85 — ÉCOLE FLAMANDE. Le Marché. Panneau.

86 — ÉCOLE HOLLANDAISE. Combat naval. Toile.

87 — ÉCOLE HOLLANDAISE. Fleurs et fruits. Toile.

88 — ÉCOLE HOLLANDAISE. Têtes de vieillards. Deux panneaux.

89 — ÉCOLE HOLLANDAISE. L'Aumône. Petit panneau.

90 — École hollandaise. Les Ruades. Toile.

91 — École hollandaise. Port de mer au clair de lune. Panneau.

92 — École hollandaise. Paysage lacustre animé de figures. Toile.

93 — École italienne. Paysage. Toile.

94 — École italienne. Coq et nature morte. Grande toile.

95 — École italienne. La Grand'route. Toile.

96 — École italienne. Colonnades et figures. Aquarelle.

97 — École italienne. Le Fort San-Angelo, à Rome. Toile.

98 — École italienne. L'Archange Saint-Michel. Grande toile, dans un cadre en bois doré et ajouré.

99 — École suisse. Portrait de femme âgée. Toile, dans un cadre guilloché.

100 — École moderne. Paysage. Toile.

101 — École moderne. Pont et chalands. Petit panneau.

102 — École moderne. Bord d'étang. Toile.

103 — École moderne. Plage et rochers. Panneau.

104 — École moderne. Paysage d'automne. Toile.

105 — École moderne. Scène tirée de l'histoire romaine. Toile.

106 — École moderne. Jockeys en course. Toile.

107 — Bords de rivière. Panneau.

108 — École moderne. Paysage en Normandie. Petit panneau.

109 — École moderne. Le Chemin du village. Carton.

110 — École moderne. Faisan suspendu. Panneau.

111 — École moderne. Sous bois. Toile.

112 — École moderne. Le Passage difficile. Aquarelle.

113 — Inconnu. Sujet tiré de l'histoire. Toile.

114 — Inconnu. Marine. Toile.

115 — Inconnu. La Petite mendiante. Toile.

116 — Inconnu. Effet de clair de lune sur la tour de Londres. Panneau décoré au vernis et incrusté de nacre avec mouvement d'horlogerie et sonnerie à musique.

CÉRAMIQUE

BOIS SCULPTÉS

OBJETS DE VITRINE

OBJETS VARIÉS

117 — Tasse et sa soucoupe en porcelaine de Sèvres, à fleurs.

118 — Pot à lait en ancienne porcelaine de Sèvres, à paysages et dorures.

119 — Coupe à pans en porcelaine de Saxe, à décors de fleurs.

120 — Broc en porcelaine de Saxe, à couvercle; monture en bronze doré. Décor de fleurs.

121 — Statuette de jardinier en ancienne porcelaine de Saxe et Statuette de marchande en porcelaine de Paris.

122 — Deux grandes potiches avec couvercle en ancienne porcelaine du Japon; dont une avec socle en bronze doré.

123 — Petite coupe en porcelaine de Chine; monture en bronze doré.

124 — Deux vases en ancienne porcelaine de Chine, à décors d'animaux sur fond vert clair.

125 — Coupe couverte en porcelaine de Chine, à décors de fleurs et quadrillages.

126 — Coupe en porcelaine de Chine; monture en bronze doré.

127 — Deux plats ronds en ancienne faïence de Delft, à décors bleus rayonnants, et une assiette en faïence polychrome, genre Delft.

128 — Service à café en faïence décorée, comprenant : cafetière, sucrier, pot à lait, cinq tasses et cinq soucoupes.

129-130 — Quinze pièces en céramique ancienne et moderne : plats et assiettes. (Seront divisées.)

131 — Groupe en ancien biscuit : le Couronnement de la vertu.

132 — Statuette en biscuit : Mercure.

133 — Quatorze médaillons en plâtre : Portraits de personnages historiques de la Restauration.

134 — Médaillon en bronze : Portraits du roi Louis-Philippe et de la reine Adélaïde.

135 — Médaillon en bronze : Portrait du roi Louis-Philippe.

136 — Miniature ovale : Portrait de femme, dans un cadre en bronze, et châtelaine en cuivre ciselé.

137 — Grosse montre en cuivre, ornée d'un émail, à sujet de jardinage. Époque Directoire.

138 — Petit pendentif, présentant une plaquette ovale de nacre émaillée, dans un cadre en or ciselé.

139 — Deux rasoirs en corne à personnages, mascarons et palmes. Epoque Directoire.

140 — Plumier oriental en cuivre gravé.

141 — Jumelle prismatique, de la *Maison Krauss*.

142 — Lorgnette prismatique, objectif Zeiss.

143 — Porte-montre en cuivre, à col de cygne. Époque Restauration.

144 — Lot de bronzes ciselés pour garniture de meubles.

145 — Carreau formé d'une mosaïque d'échantillons de marbres.

146 — Œuf en cristal gravé ; monture en bronze doré de style chinois.

147 — Dix pièces : verres décorés et autres, anciens et modernes. (Seront divisées.)

148 — Baromètre en bois sculpté et doré. Époque Louis XVI.

149 — Petite papeterie en bois de rose et marqueterie de nacre.

150 — Cadre doré en bois et pâte.

151 — Quatre cadres anciens en bois sculpté et doré.

152 — Deux statuettes d'ange en bois sculpté et doré.

153 — Statuette en bois sculpté polychrome : la Vierge portant l'Enfant Jésus.

BRONZES ET MARBRES

PENDULES

154 — Pendule-religieuse en placage d'écaille, ornée de bronzes et surmontée d'un vase.

155 — Pendule en bronze, parties dorées, à sujet : Nègre assis sur le cadran, avec son chien à côté de lui. Époque Empire.

156 — Pendule en bronze doré ; cadran supporté par deux nègres. Époque Empire.

157 — Pendule en marbre blanc à colonnes cannelées, ornée de bronzes dorés. Époque Directoire.

158 — Pendule en marbre blanc et bronze doré. Epoque Louis XVI.

159 — Bougeoir en argent et deux flambeaux en bronze doré. Époque Empire.

160 — Paire de flambeaux Louis XVI en cuivre argenté à cannelures.

161 — Deux lampes, posant sur tiges feuillagées en bronze ciselé.

162 — Lampe de parquet en cuivre.

163 — Paire d'appliques en bronze ciselé.

164 — Lustre en bronze, orné de cristaux.

165 — Vase chinois en bronze patiné.

166 — Deux statuettes de personnages mandchous en bronze patiné.

167 — Fragment de colonnette en marbre blanc à cannelures. Epoque Louis XVI.

MEUBLES ET SIÈGES

ÉTOFFES, TENTURES

168 — Petite coiffeuse en marqueterie de bois de placage, munie d'une glace et d'un tiroir. Fin du XVIIIe siècle.

169 — Bureau à cylindre en bois de rose. Époque Louis XVI.

170 — Bureau de dame en acajou.

171 — Table à jeu en marqueterie de bois. Ancien travail hollandais.

172 — Table à jeu en acajou, marquetée d'un damier.

173 — Bahut à deux corps avec de nombreux tiroirs intérieurs en marqueterie de bois. Ancien travail hollandais.

174 — Console en acajou orné de bronzes dorés; dessus de marbre. Époque Empire.

175 — Bahut breton en noyer sculpté.

176 — Chiffonnier en noyer verni, de style Empire.

177 — Petit bureau de dame en acajou, à abattant. Genre anglais.

178 — Grand lit de repos en noyer sculpté, de style Régence, à dessus et siège cannés, garni d'un grand et de trois petits coussins en ancien velours de Gênes. Époque Louis XIV.

179 — Deux fauteuils en noyer sculpté. Époque Louis XVI.

180 — Écran orné de glaces ; monture en bois doré.

181 — Console en bois sculpté et doré ; dessus de marbre blanc. Style Louis XV.

182 — Fauteuil en bois sculpté. Époque Directoire.

183 — Bergère et fauteuil en bois peint et doré ; à décors de faisceaux de lances. Époque Directoire.

184 — Canapé et quatre fauteuils en bois doré, recouverts en tapisserie d'Aubusson à fleurs. Style Louis XVI.

185 — Bureau en noyer ciré.

186 — Bibliothèque en noyer ciré.

187 — Fauteuil de bureau en noyer ciré.

188 — Cartonnier à douze cartons en noyer ciré.

189 — Étagère ancienne en acajou, à dessus de marbre blanc creusé.

190 — Banquette en chêne ciré, recouverte en velours rouge. Époque Louis XV.

191 — Fauteuil en noyer sculpté. Époque Louis XIV.

192 — Chiffonnier en acajou à huit tiroirs. Époque Empire.

193 — Chaise longue, recouverte en soie brochée.

194 — Canapé, deux fauteuils et deux chaises en noyer sculpté; recouverts en soie brochée. Style Louis XV.

195 — Piano droit, de *Klein*, en palissandre.

196 — Petit piano droit de *Erard*.

197 — Piano, de *Pleyel*, en palissandre verni.

198 — Deux fûts de colonne en bois noirci, à cannelures dorées, draperies et têtes de lion.

199 — Deux meubles Louis XIII à hauteur d'appui en bois noir orné de bronzes dorés.

200 — Tabouret en bois fruitier, recouvert de tapisserie au point, à décor de coq parmi des fleurs.

201 — Feuille d'écran en tapisserie au point, représentant des personnages.

202 — Châle en cachemire, à fond rouge.

203 — Quatre rideaux en soierie à rayures, de style Empire.

204 — Lot de rideaux et portières en soierie bleue à franges.

205 — Objets omis.

SUPPLÉMENT

AU

CATALOGUE DU SAMEDI 20 JUIN 1914

HOTEL DROUOT, SALLE N° 1

à deux heures

Vente par suite de décès

A la requête de M. LECOUTURIER, Administrateur judiciaire

DESCRIPTION

VERNET (Attribué à JOSEPH)

206 — *Marine.*

Un bateau est échoué sur la côte ; à gauche, une arcade en ruines et une route sur laquelle circulent des personnages.

Toile. Haut., 65 cent.; larg., 55 cent.

ÉCOLE HOLLANDAISE

207 — *Vue d'un Canal.*

Panneau. Haut., 32 cent.; larg., 25 cent.

EXPOSITION PUBLIQUE

LE VENDREDI 19 JUIN 1914

de 2 heures à 6 heures

COMMISSAIRE-PRISEUR

Me ÉMILE BOUDIN

14, rue Grange-Batelière

EXPERT

M. GEORGES GUILLAUME

13, rue d'Aumale

www.ingramcontent.com/pod-product-compliance
Ingram Content Group UK Ltd.
Pitfield, Milton Keynes, MK11 3LW, UK
UKHW032034260826
14628UKWH00006B/2950

9 782329 532233